50 Positive gewoanten

Posityf tinken ferbetterje jo libben en oanpak, ferbetterje posityf.

SN Leman

Ynhâld

Ynlieding

Earste út, tankje jo foar nimme de tiid nei download dizze gids. Dizze betsjut dat jo binne aktyf ynteressearre yn learen oer de krêft en metodyk fan posityf aksjes yn dyn libben. Sûnder in twivel, dizze is ien fan de machtichste en effektive manieren wêrop jo kinne bemachtigje, fersterkje en groeie dyn bedriuw, libbensstyl en persoanlikheid foar jierren nei komme.

Lykas alles oars yn libben, lykwols, wêzen posityf ferlet de rjochts mentaliteit. Yn dit boek sille wy dizze mentaliteit fierder ûndersykje en meitsje wis dat wy kinne yndruk meitsje it op dy rûnom ús. Alles wy wolle nei dwaan, en alles wy winskje nei berikke, ferlet nei wêze dreaun troch de krêft fan positiviteit.

Hjir sille wy útlizze wêrom't dy positiviteit fan belang is en wêrom jo kin it brûke. Noch wichtiger, wy sille de fiif meast brekke wichtige sektoaren fan jo libben dat in positive hâlding kin ferbetterje. Goed helpe jo sjen hoe't jo kinne feroarje jo fitness, jo mentaliteit, dyn emoasjes, jo libbensstyl en jo produktiviteit. Troch dizze tips en ideeën, kinne jo infuse jo hiele libbensstyl mei in mear positive wize fan looking by de wrâld.

Yn dizze boek, jo wil ûntfange soad fan help en foardielen, meitsjen it makliker dan ea om jo mentaliteit en mentaliteit te feroarjen. Jo krije help mei de folgjend;

Ideeën oer hoe't jo fit bliuwe kinne en hoe't jo sels begjinne kinne te bewegen rjochting in fitter, earliker steat fan lichem en geast.

Mental gewoanten nei soargje dat jo hawwe de bêst mindset mooglik moving foarút nei feroarje en ferbetterje dyn libben.

Emosjonele bystân, soargje derfoar dat

jo kinne begripe hoe nei hâlde in opklearje holle wannear jo need nei measte.

Lifestyleplannen en gewoanten dy't alles oer jo helpe wurden in mear fêste, stabile ynfloed op dyn libben en de wrâld rûnom jo.

Persoanlik gewoanten dat binne bûn nei help jo wikseljild de wei dat jo libje, tinke en operearje.

Troch brûkend dizze boek, dan, jo wil wêze wis nei; Sjen konsistint en ferfolge ferbettering yn de wei dat jo libje dyn libben en wurk.

Ferbetterje jo lîchem, jo geast en jo mentaliteit om jo te helpen kom troch drege dagen en soargje derfoar dat jo kinne altyd wêze by jo bêst.

Sjoch fitter, sûner en lokkiger oeral. Jou dyn lichem en dyn geast de help it ferlet nei rinne by peak kondysjetrening en foarm.

Does dizze lûd lykas de soart fan help dat jo hawwe west looking út foar? Lêw dan troch mei lêzen. Dit boek brekt it belang fan hawwen ôf mear posityf gewoanten yn dyn libben.

Troch gewoan dy ekstra positiviteit yn jo libben te hawwen, kinne jo echt begjinne ferhúzje bergen en meitsje dyn libben yn algemien sa folle makliker tank neide majoar ferbetterings it jout.

Sa, hoe dwaan ik witte oer dizze soart fan guod?

Want, lykas jo, wie ik der. Ik seach eartiids alles - en ik betsjutte ALLES - yn in negative natuer. Al gau myn freonen, famylje, kollega's en kliïnten wiene siik fan harkje nei my. Alles hie in "Mar" en neat mocht foarby gean sûnder in negative slant. Dizze krúsjaal negatyf tinken, lykwols, wie begjin nei wjerspegelje op myn libbensstyl, myn doelen en myn wei fan tinken.

Dat, ik ûndersocht elk diel fan myn

libben dat ik fûn koe wêze hindere troch in wêzen mear negatyf - en ik fûn it wie wat dat hindere alles oer my. Myn persoanlikheid, myn mindset, myn leauwen, myn begryp fan de wrâld rûnom ik ... alles wie krekt sanegatyf!

Dit is wêrom ik de feroaring makke nei wêr't ik hjoed bin - en it is wêrom jo kinne krije de selde ongelooflijk wikseljild fan mentaliteit, leauwen en libbensstyl.

Wy sille de maklikste manieren brekke om dizze feroaringen te meitsjen, hoe nei hâlde harren yn dyn libben, en hoe nei meitsje wis dat jo kinne foardiel fan harren as folle as mooglik.

Binne jo dan ree om te begjinnen mei learen? Litte wy ris sjen hoe't jo kinne feroarje jo libben, jo mentaliteit en jo kânsen op sukses. Alles goed wêze besprekken kinne wêze makke fier mear effektyf krekt troch looking by hoeit jildt nei dyn eigen omstannichheden - ik fûn dat alles dat wil wêze neamd past en talies perfekt mei wêr ik wie geastlik.

Sa, hoe kinne it help jo? Litte wy fine út!

Haadstik 1

Fitness Doelen en gewoanten

Foardat wy fierder gean, is it wichtich om te begjinnen by it haadpunt - jo lichem. Wy wolle nei sjen by hoe jo kinne meitsje in posityf ynfloed yn dyn libbenyn termen fan produktiviteit en it berikken fan jo doelen. Dat fûn ik lykwols myn geast wie net klear foar wikseljild - de reden wêzen dat myn lichem wie net sterk genôch nei fasilitearje it.

Sa, ik seach yn kondysjetrening doelen en gewoanten dat ik woe nei Besykje en emulearje. Ik rekke belutsen by dit programma en hiel gau fûn dat de tips ûnder holpen my omfoarmje, fersterkje en optimalisearje myn lichem foar ferbettering.

1. Walking Every Day

Wêrom Wil Dizze Help My Wurde Mear Posityf?

It earste idee dat ik advisearje dat jo nei sykje is elke kuierje dei. Elke dei kuierje is in heul nuttige manier om it lichem ekstra te jaan oefenje.

Oanfreegje de Aksje foar Fergrutte Positiviteit

Gean gewoan in kuier yn it earste healoere dat jo op binne en klear binne om te gean. IN ienfâldich kuier rûnom kinne help krije de bloed streamend en ferbetterje dúdlikens.

Hoe Faak Soene ik Oefenje?

Elk dei! Dizze is eat ik soe nea oanbefelje krije rid fan. It issa'n nuttige manier om it lichem te slijpen en te soargjen dat jo goed binne wurkjen betingst.

Libben sûnder Dizze Wikseljild

Jo sille mear dagen begjinne mei in gebrek oan passy yn jo hert en in gebrek oan leauwe yn dysels. Dagen sûnder aktiviteit tend to wêzen lethargysk, stadich en faak fraught.

Troch gewoan yn 'e moarn te kuierjen, soargje jo der lykwols foar dat jo krije wat oefening. Oefening makket endorfinen frij dy't ús lokkiger meitsje en skerper. Walking elk dei ferbetteret stimming; feit!

2. Aktyf bliuwe

Ik fûn dat as gefolch fan wurkjen mei in kompjûter, ik bestege it measte fan myn tiid thús sitten. Troch elke 30 minuten foar 5 minuten op te stean oefenje, ik ferbettere.

Ik soe gewoan oerein komme en om it kantoar rûn, meast op en del de treppen om it bloed yn myn skonken te krijen om problemen mei te foarkommen sirkulaasje.

Hoe Faak Soene ik Oefenje?

Elk heal an oere. Sels as jo dwaan it ienris an oere, lykwols, do silst notice in marzjinale ferbettering yn 'e kwaliteit fan jo algemiene fitness dy't sil stadichoan hâlde ferbetterje.

Libben sûnder Dizze Wikseljild

De measte fan myn dagen soene begjinne mei seare skonken en in protte pine troch harren, mei net in soad mobiliteit. Dit soe allinnich mar slimmer wurde as ik leeftyd.

Libben mei Dizze Wikseljild

Dit hat myn libben letterlik feroare. Folle mear yn steat om om hinne no en myn dagen binne mear aktyf - sels myn betiid kuiers fiele better assy ea hie!

3. Working Out

Wêrom Wil Dizze Help My Wurde Mear Posityf?

ik fûn dat foar krekt tsien minuten fan oefenje ik koe wurk measte dielen fan mynlichem en jou mysels in folle nedich workout. Gewoan dwaan sterkte oefenings werklik holpen.

Oanfreegje de Aksje foar Fergrutte Positiviteit

Elk dei ik soe wurk eat oars; boarst, skonken, earms, dijen *ensfh.* enIk fûn dat it echt holp om myn stimming te ferbetterjen. Ik fielde ek fitter, en mear wis!

Hoe Faak Soene ik Oefenje?

Ik doch dit alle dagen en soe riede dat jo dogge itselde. De foardielen kinne allinnich wêze posityf, fuortgean dyn lichem gefoel krêftiger en dyn geast te rinnen folle flugger.

Libben sûnder Dizze Wikseljild

Ik fûn gewoan dat myn kwaliteit fan fitness rap degradearre. Sûnder dwaan dit, myn krêft soe gewoan bliuwe swakker en myn lichem soe hâlde gefoel loai en lethargysk langer.

Libben mei Dizze Wikseljild

Elk moarn ik fiele skerper en folle mear alarmearje ferlike nei hoe ik die. Ik fiel my sterker en bin mear yn steat om te gean mei fysike problemen sûnder sok ongelooflijk lijen.

4. Joggen op it plak

Wêrom Wil Dizze Help My Wurde Mear Posityf?

In grutte lytse oplossing dat ik fûn wie gewoan joggen op it plak foar de doer fan in TV programma. ik horloazje in protte fan fuotbal en soe jog dan.

Oanfreegje de Aksje foar Fergrutte Positiviteit

ik simpelwei krekt hawwe nei stean op

en start joggen. Sûnt ik bin konsintrearje op 'e TV, Ik fyn dat ik brûk minder geastlike enerzjy en dêrom kin bliuwe gean.

Hoe Faak Soene ik Oefenje?

Nochris, ik doch dit elke dei. Ik fyn dat it hat in enoarm foardiel op myn algemiene kwaliteit fan it libben en al myn cardio begjint te ferbetterjen stadichoan.

Libben sûnder Dizze Wikseljild

Ik soe gewoan hieltyd slimmer wurden wurde; dizze oefening regime helpt my mear mei myn algemiene kondysje om te gean en makket it makliker om bliuwe tichterby nei ideaal kondysjetrening.

Libben mei Dizze Wikseljild

IN majoar diel fan myn libben foarôf wie bestege watching TV en looking by skermen. Dizze ienfâldige feroaring hat de manier wêrop ik wurkje revolúsjonearre, ferbetterje produktiviteit en myn cardio.

5. Bedroom Activity

Wêrom Wil Dizze Help My Wurde Mear Posityf?

As jo binne dat sortearje fan persoan, dan in bit mear 'persoanlik tiid' mei in leafhawwe ien is krekt wat jo need. Simpelwei troch hawwende seks mear, do silst fielekrêftiger!

Oanfreegje de Aksje foar Fergrutte Positiviteit

Reguliere seks is geweldich om in elemint foar stressferliening te wêzen en kin sels wêze brûkt om jo lichem fan sykte te ûntlêsten, om't it helpt om it ymmúnsysteem te stimulearjen systeem lange termyn.

Hoe Faak Soene ik Oefenje?

No, safolle as jo kinne! D'r is gjin spesifyk bedrach nedich, mar mear dan wat jo no krekt dogge, moat in gaadlike ferfanging wêze; it is echt ôfhinklik op jo.

Libben sûnder Dizze Wikseljild

No, jo ferheegje jo kânsen op slimmer kardiovaskulêre sûnens en guon stúdzjes sels sizze dat it koe fergrutsje jo kâns op prostata kanker troch in skoander oansjenlik marzje.

Libben mei Dizze Wikseljild

Ik sliep better, myn lichem hat folle minder pine en ik haw gewoan in bettere kwaliteit fan libben. Myn relaasje hat fersterke, te, en wy fiele mear noflik rûnom elk oar.

6. It finen fan in gewoante

Wêrom Wil Dizze Help My Wurde Mear Posityf?

Ien fan de measte krêftich manieren ik fûn nei help mysels, lykwols, wie nei brûke in gewoante. ik útsocht op boartsjen puzel wedstriid en it holpen nei werklik skerpemyn geast.

Oanfreegje de Aksje foar Fergrutte Positiviteit

De reden dat ik keazen nei gean mei in nij leafhawwerij is omdat it helpt ús nei echt ferbetterje ús fitness, en ús libbensstyl. Nije aktiviteiten binne goed foar de siel.

Hoe Faak Soene ik Oefenje?

Sa faak as jo kinne - it hinget ôf fan wat jo dogge. As jo beslute om mei te dwaan a sport ploech, foar foarbyld, meitsje wis jo behannelje it mei 100% opdracht.

Libben sûnder Dizze Wikseljild

Jo sille gewoan in folle minder ynteressante libbensstyl hawwe en hawwe de neiging mear te wurden argewaasje en frustreard by de beheind eksperiminten jo dwaan hawwe. Dizze foeget ta guon hiel nijsgjirrich fariaasje.

Libben mei Dizze Wikseljild

Mei dizze wikseljild, lykwols, jo wil begjinne nei fiele fier mear noflik as in persoan. It foeget ferskaat ta oan jo libben en soarget derfoar dat jo sille trochgean te sjen konsekwint súkses as jo begjinne te feroverjen en nije útdagings oan te nimmen yn libben.

7. Parking Away

Wêrom Wil Dizze Help My Wurde Mear Posityf?

Elke kear as ik nei de winkels of nei it kantoar moat, parkear ik no in pear blokken fuort. It foeget ta oar 2-3 minuten fan kuierje, hokker is brûkber.

Oanfreegje de Aksje foar Fergrutte Positiviteit

ik keazen nei dwaan dizze simpelwei omdat it is aardich nei hawwe in bit fan ekstra oefenje.It ek stiet ta foar tiid foar selsrefleksje foar ik hawwe nei gean krije belutsen.

Hoe Faak Soene ik Oefenje?

Elke kear as jo útgean. Ik fûn dat it gewoan in ienfâldige mar maklike gewoante wie krije yn dat soe stadichoan ferbetterje fitness mar helpe ús relax yn ús geasten.

Libben sûnder Dizze Wikseljild

It sil gjin ierdskodding wêze, mar it is gewoan in oar posityf aksje jo kinne nimme; sûnder it do silst wêze meitsjen nee ferskil.

Libben mei Dizze Wikseljild

Jo sille jo fitter fiele, jo sille wurkje / winkelje / ensfh. folle minder rommelich yn de geast, en do silst fiele better oer wa't jo binne en dyn lichem yn algemien.

8. Stretching goed

Wêrom Wil Dizze Help My Wurde

Mear Posityf?

ik fûn dat ien fan de measte brûkber manieren foar my nei krije yn in better frame fan fitness wie simpel dwaan stretching foar 5 minuten 'post-douche of wekker.

Oanfreegje de Aksje foar Fergrutte Positiviteit

ik krekt simpelwei soe krije út fan bêd en stretch út myn skonken, myn keallen, myn hamstrings, myn earms, myn nekke en myn efterkant. It allinnich naam in stikmannich sekonden!

Hoe Faak Soene ik Oefenje?

Elk inkel moarn. It helpt jo krije út fan de doar sûnder alle fan dy krampen en strekt dat measte fan ús fine ússels omgean mei oer de hiele dei. Hiel nuttich om jo lichem te heljen en werom te heljen fan pine.

Libben sûnder Dizze Wikseljild

Net dwaan dizze sil net wêze in majoar útjefte, mar elk lyts helpt as jo wolle nei krije dysels yn foarm.

Libben mei Dizze Wikseljild

Jo sille fiele minder spand en sear yn de moarn en wil wêze mear wierskynlik nei komme nei en fan jo doelen yn 'e dei sûnder in gefoel ferskriklik na do bist klear.

9. Teaming Up

Wêrom Wil Dizze Help My Wurde Mear Posityf?

Striid om josels yn in goede foarm te krijen? Dan moatte jo perfoarsttink oan om mei in freon te rinnen. In rinnende buddy kin meitsje in echt ferskil nei dyn kondysjetrening.

Oanfreegje de Aksje foar Fergrutte Positiviteit

Ik fûn gewoan gean foar dat run wy sprieken fan 'e moarntiid, mar mei in freon, nei in pear wiken fan de praktyk wie goed foar moraal en algemien wille.

Hoe Faak Soene ik Oefenje?

Elke kear dat jo beide kinne; omstannichheden kinne yn 'e wei komme mar it moat noait wat wêze dat jo te folle hâldt. Krekt meitsje wis jo meitsje tiid wannear jo beide kinne.

Libben sûnder Dizze Wikseljild

Jo sille it miskien dreger fine om yn oerienstimming te bliuwen mei jo fitnessdoelen en, lykas oaren, macht wêze prone nei jaan op wannear de gean krijt taai of jostart plateauing.

Libben mei Dizze Wikseljild

Jo sille nei alle gedachten in sûner lichem en in steeler mentaliteit hawwe. It is makliker nei krije troch de dei en oefenje wannear wurkjen mei in maat.

10. It meitsjen fan Oefening Fun

Wêrom Wil Dizze Help My Wurde Mear Posityf?

Myn wichtichste fitnessútdaging wie oefening leuk meitsje - de bêste manier wêrop ik fûn wie om mei te dwaan oan in sportteam. Gewoan troch fuotbaljen, ik eins begûn nei sjen foarút nei kondysjetrening.

It tapassen fan de aksje foar ferhege posityfens

Ik train trije nachten yn 'e wike en spylje op in snein. Nettsjinsteande wat foar sport of praktyk jo meidwaan wolle, wat sil jo oansprekke.

Hoe Faak Soene ik Oefenje?

De measte minsken fiele har noflik om trije / fjouwer nachten yn 'e wike te oefenjen. Dizze makket it algemiene regime fan training en fitness posityfer as jo hawwe in echt reden foar dwaan it.

Libben sûnder Dizze Wikseljild

As jo ien binne dy't net sûnder reden kin traine of fit wurde, dan it libben sûnder dit sil wêze hiel taai. In reden hawwe lykas sport makket trening mear "sinfol".

Libben mei Dizze Wikseljild

Jo sille fiele fitter, do silst wêze folle lokkiger en do silst wêze klear nei nimme op de wrâld. Dit sil in absolút massaal ferskil meitsje foar jo algemiene kwaliteit fan libben lange termyn.

Mentale gewoanten

ik altyd fûn dat, yn myn fjildslach nei feroverje negativiteit en wurde mear posityf, dat myn geast wie in grut obstakel. Dus, ik besleat om oan te pakken de geast en meitsje majoar en progressyf kâns. ik seach yn de wei datik tins oer ûnderwerpen en hoe it maaie hawwe west holding my efterkant.

De antwurden dy't ik krige wiene aardich yndrukwekkend, om earlik te wêzen. Dat fûn ik myn libben soe wurden folle mear konsekwint gewoan troch it meitsjen fan de folgjende feroarings. Elke suggestje sil derfoar soargje dat jo posityf ûntwikkelje, proaktyf geastlik gewoanten dat wil ynstillje jo mei in winning mentaliteit.

11. Sjoch op Negativity

Wêrom Wil Dizze Help My Wurde Mear Posityf?

Ien fan 'e machtichste feroaringen dy't jo kinne meitsje, is lykwols oan feroarje hoe't jo de wrâld om jo hinne as gehiel sjogge - hoe dogge jo sjen by negativiteit?

Oanfreegje de Aksje foar Fergrutte Positiviteit

ik begûn nei simpelwei nimme guon tiid nei wêze bewust hoe negatyf ik wie tidens de dei. Ik fernaam hoe faak ik de negative rûte soe gean - eltse dei!

Hoe Faak Soene ik Oefenje?

Eltse dei. ik fûn dat de maklikste wei nei simpelwei wikseljild myn mindset wie om my der bewust fan te meitsjen. As ik wist hoe negatyf dat ik wie, ik macht wikseljild.

Libben sûnder Dizze Wikseljild

Jo sille krekt trochgean nei litte dy negatyf tinzen rinne yn de efterkant fan dyn geast. As jo dit wolle foarkomme, dan moatte jo gewoan beskôgje om te meitsjentiid foar beskôging.

Libben mei Dizze Wikseljild

De foarnaamste reden dat ik soe oanbefelje gean mei dizze wikseljild is dat it helpt jo bewust te wurden fan jo mentaliteit - hoe min moat it wikseljild hjir?

12. Tinken oer súkses

Wêrom Wil Dizze Help My Wurde Mear Posityf?

Tinken oer sukses is in geweldich idee - gewoan kinne fisualisearje wat kin komme yn 'e takomst is in krêftich ark, en ien dat kin ferbetterje dyn mentaliteit.

Oanfreegje de Aksje foar Fergrutte Positiviteit

De maklikste manier om dit te dwaan is gewoan wat tiid te besteegjen - 5 minuten sels - tinken oer dyn resint foarútgong. Sels as do bist net "suksesfol" noch, hâlde tinken dizze wei.

Hoe Faak Soene ik Oefenje?

Elke kear fiele jo del oer wêr't jo binne en jo foarútgong. Troch it meitsjen fan in ienfâldige oanpassing sille jo fine dat it folle makliker is om op spoar te bliuwen mei WSO jo binne.

Libben sûnder Dizze Wikseljild

Jo sille gewoan trochgean om de goede dingen foarby te litten en te min betelje oandacht nei de goed dingen yn dyn libben. Nimme de tiid nei begripe dyn sukses.

Libben mei Dizze Wikseljild

Troch de tiid te nimmen om dizze feroaring te meitsjen, sil jo lykwols folle mear meitsje wurdearjend fan dyn foarútgong. Unthâld, alle goed dingen wil nimme tiid nei wikseljild - ynklusyf dyn mentaliteit sels!

13. Kontemplaasje Relaasje

Wêrom Wil Dizze Help My Wurde Mear Posityf?

Ien fan 'e tûkste feroaringen dy't ik oait yn myn libben makke, wie hoe faak ik soe nimme de tiid nei betinke. ik brûkt nei handeling op ympuls,negatyf.

Oanfreegje de Aksje foar Fergrutte Positiviteit

Troch te feroarjen nei kontemplaasje foardat jo aksje nimme, kin ik - en jo - posityfer wurde. It lit jo sjen it goede, wylst nimme aksje gewoanwei betsjut reagearjen nei de negativen.

Hoe Faak Soene ik Oefenje?

Eltse dei! Ik fûn dat gewoan in koarte perioade fan 'e dei nimme om nei te sjen wêr ik wie yn myn geast wie in hiel sûn Doetiid, helpe my fokus.

Libben sûnder Dizze Wikseljild

Ik fernaam gau dat it net dwaan dit normaal betsjutte dat myn libben soe wurden mear betiizjend, en ik soe besteegje tefolle tiid gewoan reagearje nei situaasjes sûnder feiten.

Libben mei Dizze Wikseljild

Dizze ienfâldige feroaring wie iets dat my holp om te stopjen mei meitsjen flaters. No, ik bin mear berekkene en nimme minder risiko's, ynstee besluten nei handeling op feiten ynstee fan heale - wierheden.

14. Notearjen fan jo posityfens

Wêrom Wil Dizze Help My Wurde Mear Posityf?

Hoe faak dwaan jo feitlik noat yn dyn geast dat jo wiene wêzen posityf? It is ien fan de measte befêstigjend aksjes jo kinne eventueel dwaan wannear betsjuttend dyn positiviteit.

Oanfreegje de Aksje foar Fergrutte Positiviteit

Ik fûn gewoan dat fiif minuten fan 'e dei

nimme om nei in lokkich te sjen ûnthâld yn 'e moarn wie in goede manier om myn tinken te feroarjen negatyf nei posityf.

Hoe Faak Soene ik Oefenje?

Elk inkel moarn. Krekt in gau ûnthâlde oer eat dat bard yn dyn libben kinne wêze genôch nei krije jo út fan bêd mei in laitsje op dyn gesicht, leaver as in fronsen.

Libben sûnder Dizze Wikseljild

Jo kinne fine dat jo dit yn jo libben hielendal net nedich hawwe - en dat is hielendal goed. Oaren sille lykwols folle nofliker fiele om dit te meitsjen wikseljild.

Libben mei Dizze Wikseljild

Nim dy fiif minuten gewoan om goede ûnderfiningen yn it ferline te notearjen kin genôch wêze om jo folle nofliker te meitsjen mei wa't jo binne, en wêr do bist gean.

15. Detaillearjen fan de Positives

Wêrom Wil Dizze Help My Wurde Mear Posityf?

Ien probleem dat ik en oaren oanstriid nei hawwe is altyd listing ús negativenyn in situaasje. Earder dan nei it probleem te sjen, wêrom net begjinne looking foar oplossings?

Oanfreegje de Aksje foar Fergrutte Positiviteit

Wissel gewoan de manier fan tinken oer elk probleem. Yn plak fan lamenting it bestean fan it probleem, begjinne te ûndersiikjen libbensfetbere oplossings dat macht help jo korrekt dizze issue letter!

Hoe Faak Soene ik Oefenje?

Dat moast ik sa'n bytsje alle dagen efkes dwaan. Uteinlik, lykwols, it waard twadde natuer en ynstee fan klagen problemen begon ik te wurdearje finen oplossings.

Libben sûnder Dizze Wikseljild

Jo sille bliuwe fiele as de wrâld tsjin jo is, en dat d'r gjin is wichtige manier om foarút te stappen en jo libben makliker te meitsjen. Sûnder dit wikseljild, negativiteit wil oerhearskje.

Libben mei Dizze Wikseljild

Ruilje nei dizze wikseljild fan mindset, lykwols, wil betsjutte problemen binne krektdat; in probleem. Jo sille jo fuotten faker op 'e grûn hâlde en wolle wierskynlik fine oplossings makliker.

16. útdaagjende oannames

Wêrom Wil Dizze Help My Wurde Mear Posityf?

Hoe faak daagje jo út hoe't jo tinke oer in bepaalde situaasje? As do net, dan is it tiid om dat te dwaan. Útdaagjende oannames sille jo helpe soargje do bist altyd oanpasse.

Oanfreegje de Aksje foar Fergrutte Positiviteit

leauwen en oannames noait út te daagjen - mar jo kin ûnnedich negatyf wêze. Stel josels ôf wêrom dy trein fan tins bestiet - en as it is legitime.

Hoe Faak Soene ik Oefenje?

Elke kear as jo fine dat jo in negative spiraal fan gedachten gean. Hop online en sjoch nei wêr't jo sa soargen oer binne. Is it orizjineel leauwe jo hie werklik sa tapaslik?

Libben sûnder Dizze Wikseljild

In protte kieze om dizze rûte te foarkommen, om't se net graach ferteld wurdese binne ferkeard. Ferkeard wêze is lykwols gjin negatyf - it is in oar learen ûnderfining!

Libben mei Dizze Wikseljild

Jo sille fiele folle minder entrenched en wierskynlik minder bedrige troch a ferskil fan opiny. Dizze is ien fan de measte posityf aksjes dat jo kinne nimme.

17. Akseptearje jo súkses

Wêrom Wil Dizze Help My Wurde Mear Posityf?

In protte fan ús - my lang ynbegrepen - kinne gewoan net akseptearje wannear wy binne in súkses. Wy graach tinke luck wie belutsen, of dat it wie in flater.

Oanfreegje de Aksje foar Fergrutte Positiviteit

As dit is hoe't jo fiele, dan komt it de folgjende kear yn jo holle, freegje in stikmannich folk dat jo fertrouwe nei jaan jo de wierheidich antwurd efterkant.

Hoe Faak Soene ik Oefenje?

Elke kear as jo fiele dat dizze krisis fan fertrouwen oankomt. It is in gefaarlik probleem en ien dat wil krekt meitsje jo fiele minder measte wierskynlik. Avoid it troch freegje wannear dan ek it komt op.

Libben sûnder Dizze Wikseljild

Jo sille trochgean mei it delslaan fan jo prestaasjes, wylst jo fixearje op jo mislearrings. Dit bout in negative mentaliteit en is de minste rjochting om te gean omleech foar in posityf aksjeoandreaune libben.

Libben mei Dizze Wikseljild

Jo sille folle nofliker wurde, en bewust, fan jo súksessen en mislearrings yn it libben. Dit soarget derfoar dat jo kinne trochgean te ûntwikkeljen, sûnder altyd sjen dysels as failing.

18. Kontrolearje jo mislearrings

Wêrom Wil Dizze Help My Wurde Mear Posityf?

Troch nimme de tiid nei feitlik sjen by *wêrom* jo mislearre, jo kinne fine it folle makliker nei fine oplossings. Folle fan ús witte dat wy mislearre - mar wêrom?

Sit gewoan en skriuw fiif redenen op wêrom't jo mislearre. No, dy witte wêr't jo oan wurkje moatte; it kin sear dwaan om dit te dwaan, mar it is sawat posityf an aksje as jo kinne krije.

Hoe Faak Soene ik Oefenje?

Dit oannimme sil jo libben folle makliker meitsje dan ea earder - sa dwaan it elk tiid jo mislearje. Mislearring is in reis, net de bestimming!

Libben sûnder Dizze Wikseljild

As jo dit net besykje te feroarjen, kinne jo jo tariede op in libben fan sels-deprecating en in gebrek oan selsleauwe. Troch mislearring te besjen, oplossingen wurde libbensfetber.

Libben mei Dizze Wikseljild

Troch jo súkses en mislearring te besjen en te besjen, sil it in protte wurde makliker te bliuwen op it goede spoar. It sil ek gâns fergrutsje de kânsen fan finen in lange termyn oplossing.

19. Mind Games

Wêrom Wil Dizze Help My Wurde Mear Posityf?

Hoe faak dwaan jo krekt ûnthâlde in lyts gedicht of in stik fan skriuwerij? Doing dit kin in tige krêftige manier om te soargjen dat jo altyd hawwe in útdaging.

Oanfreegje de Aksje foar Fergrutte Positiviteit

Útdagings binne geweldich om ús te helpen opfallende punten en wurden te learen wysheid. Nimme in gedicht fan de ynternet elk moarn en Besykje nei ûnthâlde de wurden troch de dagen ein.

Hoe Faak Soene ik Oefenje?

Elke dei - sels as jo it nofliker fiele om mei ien gedicht te wurkjen per wike, doch it. Utdagings binne poerbêst en helpe ús om ús eigen feardigens te sjen en talinten dêrneffens.

Libben sûnder Dizze Wikseljild

Jo sille twivel dyn fermogen nei leare en nimme op nij feardichheden. Troch memorizing in nij gedicht eltse wike, jo ek ferbetterje dyn totale kennis fan kultuer en keunsten dêrneffens.

Libben mei Dizze Wikseljild

Going omleech dizze rûte is hiel brûkber as it wil soargje dat jo kinne krije dehelp jo moatte sjen litte jo mentale en ûnthâld feardichheden, as jo twifelje sy bestean.

20. Force of Attraction

Wêrom Wil Dizze Help My Wurde Mear Posityf?

Hawwe jo ea bestege de dei krekt

winskje foar eat nei wêze? As net, jo moatte begjinne. Bring nachts 5-10 minuten troch gewoan te dreamen fan wat jo binne wolle yn libben.

It tapassen fan de aksje foar ferhege posityfens

De reden om dit te dwaan is ienfâldich; falle gewoan yn jo geast en jo sille sjen wat jo echt wolle. Lit jo fantasyen kontrôle nimme en jo sille frisse ambysje fine.

Hoe Faak Soene ik Oefenje?

Eltse dei! Elke dagen dy't net trochbrocht wurde yn it stribjen nei dizze doelen en se berikke is in dei fergriemd. Jo moatte altyd in doel hawwe dat isdreaun troch begearen.

Libben sûnder Dizze Wikseljild

Jo sille wierskynlik noait in solide en wichtich paad hawwe om te folgjen. Sûnder witten wat jo wolle berikke it sil fansels dreger wurde om berikke dy doelen yn tiid.

Libben mei Dizze Wikseljild

Troch in dúdlik diel fan jo geast te meitsjen wêr't dit lykwols oanpakt wurdt, jo soene fine it makliker nei fisualisearjen en dan wurk rjochting de ding jo wolle yn libben.

Emosjonele gewoanten

Nei wêze in sukses jo need nei wêze yn fol Kontrolearje fan dyn emoasjes. Lykwols, de measte minsken kinne muoite hawwe om op dit punt te kommen - dus, yn dizze seksje, haw ik it brutsen guon fan 'e tips dy't ik brûkt om dêr te kommen. Positive aksjes en feroarings yn jo libben moatte in sterke basisline efter har hawwe en it is eat dat saken massaal foar in sterk, feilich libbensstyl.

Om jo te meitsjen beynfloedzje jo libben op safolle manieren as jo kinne besykje en brûke guon fan de ûnderwerpen en tips ûnder dat ik brûkt nei lykwicht en ferleegjedyn geasten gekheid!

21. Meditearje foar sukses

Wêrom Wil Dizze Help My Wurde Mear Posityf?

As ik ferfolge nei Besykje en wikseljild

eleminten fan myn persoanlik libben, ien fan deDe wichtichste problemen dy't ik fûn wie dat myn geast altyd fol wie - meditaasjehelpt.

Oanfreegje de Aksje foar Fergrutte Positiviteit

Dizze is de magy fan meditaasje; dêr is nee set ien wei nei dwaan it, nee magy trúk. Jo dwaan it yn de wei dat suits jo bêst, nimmen oars.

Hoe Faak Soene ik Oefenje?

Eltse dei. It hat de ienige grutste feroaring west dy't ik haw makke nei myn libben - meditaasje hat holpen my nei opklearje myn geast fan rommel, en wurde mear posityf.

Libben sûnder Dizze Wikseljild

ik oprjocht net wolle nei gean efterkant nei dat - en ienris jo hawwe meditearre, do ek net. Konsintraasje, motivaasje en algemiene fermogen om te slagjen giet troch de dak wannear meditearjen.

Libben mei Dizze Wikseljild

Libben mei de wikseljild dat dizze wil bringe is lykas in nij begjin alhiel - it feroare myn hiele perspektyf op 'e wrâld. No, ik bin mear optein en nimme oerwagings serieus.

22. Diaphragmatic Breathing

Wêrom Wil Dizze Help My Wurde Mear Posityf?

Ik begon twa jier lyn diaphragmatyske sykheljen te brûken en it hat holpen my te kalmearjen, meitsje inventaris fan situaasjes, en omgean mei situaasjes yn in folwoeksen, rasjonele wize.

Oanfreegje de Aksje foar Fergrutte Positiviteit

Alles wat jo hoege te dwaan is leare hoe't jo op in stadige manier djippe sykhelje kinne. Wy hawwe allegear ús eigen foarkar fan djipte en tiid, dus kontrolearje online nei fine help yn diaphragmatic sykheljen yn in wei jo fiele noflik mei.

Hoe Faak Soene ik Oefenje?

Elke dei - as jo ienris de feardigens hawwe fan dizze ademhalingstechnyk, sille jo wolle nei wêze brûkend it alle de tiid. It is in grut wei nei opklearje de geast en krektbrekke frij fan dyn striidt foar in momint.

Libben sûnder Dizze Wikseljild

Ik fûn dat myn dagen mear hektyske wiene en dat ik fan ien soe gean probleem nei de folgjende. Dizze stiet ta my nei analytysk oplosse problemen.

Libben mei Dizze Wikseljild

ik fiele lokkiger, sûner, mear wis wannear yn lijen, en skerper asea foar!

23. Walking Meditaasje

Wêrom Wil Dizze Help My Wurde Mear Posityf?

In ienfâldige technyk dy't ik waard sjen litten troch in freon wie troch te gean mei de praktyk fan deistige kuiermeditaasje, dat is in feardigens dy't ik haw brûkt elk dei.

Oanfreegje de Aksje foar Fergrutte Positiviteit

De maklikste manier om te learen oer kuiermeditaasje is dit te kontrolearjen gids . Yn 'e hantlieding sille jo sjen hoe't it jo kin helpe yn it algemien en ferbetterje funksje.

Hoe Faak Soene ik Oefenje?

Yn prinsipe oefene ik dit elke dei foar sawat twa moanne. Dêrwei ik begon de manier wêrop ik operearre wirklik te feroarjen en waard al gau fier mear noflik omgean mei lestich ûnderwerpen.

Libben sûnder Dizze Wikseljild

ik leauwe dat sûnder dizze wikseljild ik soe noch wêze frij ûnregelmjittich en wierskynlik neirinne yn flaters dy't koe wurde mijd. Mei help fan dit formulier fan meditaasje, it is makliker nei krije geastlik dúdlikens sels wannear drok.

Libben mei Dizze Wikseljild

No, problemen binne nee langer sok an obstakel as ik oanpak harren mei in rêste, lykwichtich geast.

24. Identifisearje emoasjes

Wêrom Wil Dizze Help My Wurde Mear Posityf?

In grutte kwestje dat ik en in protte oaren face is in striid om te skilderjen en begripe ús emoasjes. Does dizze lûd lykas in probleem jo binne tsjinoer? Dan ienfâldich identifikaasje helpt.

Oanfreegje de Aksje foar Fergrutte Positiviteit

Nim fjouwer of fiif wurden om te beskriuwen hoe't jo fiele, en ûndersykje se allegear online. Troch dwaan dizze ik fine it makliker nei identifisearje wêr ik bin by emosjoneel.

ik no dwaan dizze op in deistich basis - it krekt helpt my nei wurk út wêr ik bin yn myn geast. IN re-framing fan de tins kinne wêze genôch nei meitsje it makliker neikrije troch in probleem mei minimaal drokte.

Libben sûnder dizze soart fan wikseljild is frij taai; ik soe fine it hurd nei weromsette no. Lykwols, it benammen helpt as it stiet ta my nei witte krekt hoe ik werklikfiele.

No, ik bin minder wierskynlik nei reagearje negatyf nei in sitewaasje, ynstee wêzen yn steat nei analysearje foar besluten.

25. Putting Perspektyf Together

Wêrom Wil Dizze Help My Wurde Mear Posityf?

Ien fan 'e wichtichste eleminten fan dy dagen wêr't negativiteit is winning is te nimmen 10 minuten krekt te setten dingen yn perspektyf, help my wurdearje sukses en mislearring.

Oanfreegje de Aksje foar Fergrutte Positiviteit

De reden wêrom't dit foar my sa wichtich is, is om't it sa maklik is; simpelwei nimme in sjen by dyn eigen sitewaasje, en Google it. ik garandearje do silst fine immen yn in fier minder sitewaasje, net yn steat nei krije út fan it.

Hoe Faak Soene ik Oefenje?

Ik doch dit op 'e dagen dat ik fiel dat ik gjin positiviteit kin opbringe. In bytsje fan perspektyf helpt ús realisearje krekt hoe folle wy skine nei wêze oerstjoer situaasjes.

Libben sûnder Dizze Wikseljild

Libben sûnder gean troch dizze wikseljild soe wêze skoander taai no! Sok in ienfâldich wei fan wjerspegelje myn ûnfeiligens kinne wêze ûnbidich krêftich.

Libben mei Dizze Wikseljild

No, ik bin minder kâns om te fongen yn ûnjildich wallowing en bin mear wierskynlik nei stribje op, fjildslach troch, en fine an aktyf oplossing.

26. 5 Minute Breaks

Wêrom Wil Dizze Help My Wurde Mear Posityf?

Hoe faak dwaan jo fine dat dyn geast is skot mar jo Besykje en wurk op? ik haw fergriemd in protte oeren fan myn libben dwaan dit. Gewoan stopje foar 5 minuten brekke kinne help jo mije dizze probleem.

Oanfreegje de Aksje foar Fergrutte Positiviteit

De brekke is maklik nei tapasse - ticht de skerm, slûs de PC, en slute dyn eagen. As jo fysyk wurkje, nim dan mar in koart momint om jo eagen te sluten en wurk út wat is folgjende.

Hoe Faak Soene ik Oefenje?

Ik die dit de measte dagen, en it waard úteinlik in gewoante. Foar eltse oere dat jo wurkje in flugge fiif minuten rêsten fan 'e eagen kinne jo opnij kalibrearje foar trochgean.

Libben sûnder Dizze Wikseljild

Jo sille wierskynlik fine dat jo op heale kapasiteit wurkje as jo wurch fiele, hokker is in gewoan reden wêrom wy alle fiele o negatyf.

Libben mei Dizze Wikseljild

As jo dizze feroaring meitsje, sille jo folle minder wierskynlik trochgean meitsjen flaters en wil wêze mear akkuraat wannear wurkjen.

27. Do bist wat jo yt

Wêrom Wil Dizze Help My Wurde Mear Posityf?

Folle fan ús sjen nei skuld ús lichems foar sette op gewicht. Akseptearje datús iten spilet in krityske rol yn it libben is in ienfâldich útgongspunt foar positive tinken.

Oanfreegje de Aksje foar Fergrutte Positiviteit

It idee hjir is ienfâldich - sjoch nei wat jo ite, en realisearje hoefolle it is spilet in diel yn hoe jo fiele. Wat wy ite bepaalt hoe wy fiele tidensde dci, efter alle!

Hoe Faak Soene ik Oefenje?

Nim in notysje fan wat jo ite foar twa wiken, en ek koarte notysjes oer hoe do fielde. Record hoe't jo iten liket te beynfloedzjen of beheine jo emoasjes, en of it maaie hawwe nei wikseljild.

Libben sûnder Dizze Wikseljild

It libben sûnder dizze feroaring yn plak te setten kin heul lestich wêze om te kommen yn 'e kunde komme mei. Jo gebrek oan mobiliteit en jo algemiene kwaliteit fan it libben wil wêze redusearre as jo nea adres wêrom jo fiele dat wei.

Libben mei Dizze Wikseljild

Libben wurdt makliker wannear wy ite rjochts - ienfâldich! As jo jaan dyn lichem derjochte soarte fan fieding en help, dan komt it wol troch de dei better. As wy it rjocht fan ús lichem fiede, dan sille problemen en negativiteit wêze minder fan in lêst te reparearjen. As der ien diel jo moatte yntrodusearje yn dyn libben, syn dieet planning!

28. Omgean mei negative emoasjes

Wêrom Wil Dizze Help My Wurde Mear Posityf?

Omgean mei negative emoasjes en

konfrontearje wêrom't se bestean is better foar de geast en de siel dan allinne litte se fester. Unthâld dizze emoasjes binne allinnich tydlik.

Oanfreegje de Aksje foar Fergrutte Positiviteit

Elk tiid jo fiele dysels gean omleech dizze soart fan geastlik paad, herinnerje sels duorret it mar efkes. Fertriet is nea permanint; foaralmei in mindset tsjin it.

Hoe Faak Soene ik Oefenje?

Elk tiid jo fiele drôvich of omleech. De mear jo herinnerje dysels dat it is in flechtige emoasje en net hoe't jo permanint fiele dan wurdt it libben sa folle makliker letter.

Libben sûnder Dizze Wikseljild

Jo sille wierskynlik trochgean te fielen lykas jo emoasjes op it stuit moatte definiearje dyn dei. Troch brûkend emoasjes yn dizze wei jo ek tige beheine hoefier jo kinne gean.

Lykwols, meitsjen de wikseljild betsjut dat wannear negatyf emoasjes komme lâns binne se minder kâns om jo werom te hâlden, om't jo witte dat, yn 'e tiid, dizze gefoelens wil pas bylâns.

29. Sitten Bûten

Wêrom Wil Dizze Help My Wurde Mear Posityf?

ik fûn dat simpelwei tsien minuten fan tiid bestege rûnom natuer herinnerde my hoe prachtich de wrâld dat wy libje yn kinne wêze, wannear wy ophâlde konsintrearje op de negativiteit rûnom ús.

Oanfreegje de Aksje foar Fergrutte Positiviteit

De maklikste noch; gean mar bûten sitte! Lit de telefoan binnen en krekt wurdearje de wrâld rûnom jo. Harkje nei de bisten en krekt genietsjerêst.

Hoe Faak Soene ik Oefenje?

Elke dei dat jo tiid en waarfergunningen hawwe. Tiid troch bringe bûten yn 'e wrâld kin geweldich wêze om gewoan de wrâld foarby te litten dy't jo keapje en litten dyn geast weromsette.

Libben sûnder Dizze Wikseljild

Jo sille trochgean mei jo libben te libjen yn strikte yn-out-metoaden. Ynstee, besykje en konsintrearje op minder binêr tinken en besteegje in bytsje fan elke dei bûten genietsje werklikheid.

Libben mei Dizze Wikseljild

Dit ferbetteret de mentaliteit massaal, om't jo it folle makliker moatte fine wurdearje wêr't jo as persoan binne, wylst jo ek jo geast helpe stadich omleech in lyts bit.

30. Mental omlieding

Wêrom Wil Dizze Help My Wurde Mear Posityf?

Dwaan jo fine dysels altyd gean nei de negatyf earste? Dan sjen by de tinzen earder nei de negativity; wat feroarsake it?

It tapassen fan de aksje foar ferhege posityfens

Yn prinsipe fûn ik troch gewoan te sjen nei wat my in negatyf paad naam dat ik oplossingen koe fine en dat yn 'e takomst foarkomme.

Hoe Faak Soene ik Oefenje?

It is hurd; yn myn geast it bart in protte. Krekt re-rjochting de ôfgriis fan in probleem nei wêrom it barde kinne wêze hiel brûkber, lykwols.

Libben sûnder Dizze Wikseljild

Jo sille krekt trochgean nei fiele oerstjoer en lilk, nea looking by wêrom negativiteit wint.

Libben mei Dizze Wikseljild

As jo wikseljild, jo kinne start

útdaagjend negativiteit en finen oplossings nei wat oarsaken dizze tinken.

Lifestyle Habits

Yn dizze groep wy wolle nei help folk beskôgje en begripe wêrom wearden saak safolle. In protte minsken sette net folle foarrie yn goed te hawwen libbensstyl gewoanten, mar as dizze ôfdieling wil sjen litte it kinne wêze an ûnskatbere wearde eigenskip nei beskôgje.

It hawwen in sterk berik fan gewoanten yn dei nei dei libben wil soargje jo kinne krije de soarte help dy't jo nedich binne yn termen fan it soargjen dat jo libbensstyl kin bliuwe ferbetterjen. Ik fûn dat elk fan dizze gewoanten my holpen wurde mear produktyf en posityf by thús en yn de kantoar, fersekerje myn dei- hjoed soe kontinu ferbetterje.

31. Wat binne jo wearden?

Wêrom Wil Dizze Help My Wurde Mear Posityf?

Oar set fan gewoan saken is net witte wat wy stean foar. It hawwen wearden helpt ús om te definiearjen wêr't wy wolle wêze en, krúsjaal, as ús mindset stiet ta it.

Oanfreegje de Aksje foar Fergrutte Positiviteit

It bêste dat ik ea dien dien wie om myn mentaliteit te feroarjen. Meitsje wis dat jo kearnbeslissingen en wearden de rollen wjerspegelje dy't jo wolle berikke yn libben.

Hoe Faak Soene ik Oefenje?

It is dreech - it duorret in protte oeren fan ynspeksje fan wa't jo binne. Sjen by wat makket jo kearnidealen, hoewol, en sjoch hoe't jo wrâld wjerspegelet dat.

Libben sûnder Dizze Wikseljild

Sûnder hawwende of witte dyn foarnaamste wearden measte folk wil krekt gean fan dei ta dei, nea echt foarútgong ta wa't se wolle wêze. Se meie foarútgong, mar nea nei wêr sy bedoeld.

As jo start nei meitsje beslút basearre op as it past ús wearden, do silst wurde sterker mentaal en mear ynsette foar it berikken fan jo doelen en dreamen.

32. Wat binne dyn hertstochten?

Ik fûn dat troch úteinlik te definiearjen wat myn wiere passys yn it libben wiene, ik koe folle nofliker wêze mei wa't ik wie. Myn paad, myn doelen en winsken waard dúdliker.

Nei tapasse dizze aksje, ik simpelwei seach by wat joech myn mage in jolt wannear ik tins fan it. Dizze gefoel rydt my nei fine út mear oer mysels.

Elke minút fan elke dei - jo hertstochten moatte nea wurde fergetten. Nim elke moarn gewoan in healoere om nei te tinken oer hoe't hjoed sil helpe jo ferhúzje rjochting úteinlik berikke dat passy.

Jo sille gewoan fan dei nei dei, wike nei wike, jier nei jier gean. Jo sille nea ferbetterje of definiearje dysels en jo sille wierskynlik altyd negatyf gean wei fan tinken.

Troch it brûken fan dit al jo wurden folle mear kâns te berikken súkses, as jo witte presys wat jo doelen en doelen binne sawol hjoed en yn 'e takomst.

33. It meitsjen fan in fisy

De machtichste minsken hawwe in dream, in fisy. Soargje derfoar dat jo hawwe in fisy foar wêr't jo wolle wêze - sels it foarbyld fan in oar persoan wa is suksesfol.

Oanfreegje de Aksje foar Fergrutte Positiviteit

Going troch mei dizze is hiel belangryk, as it soarget foar do silst sjen oanhâldend en werhelle súkses. It tapassen fan dy aksje betsjut gewoan útjeften de moarn regeljen wat dyn dreamen binne yn libben.

Hoe Faak Soene ik Oefenje?

Elke dei as jo kinne! In pear dingen yn it libben binne sa machtich as witte watde dream en it doel fan jo bestean is. Dat healoere kin jo fokusje foar de wike foarút.

Libben sûnder Dizze Wikseljild

Nim de tiid om te begripen wat jo passys en enerzjy binne gean nei wêze dreaun troch is hielendal libbensbelang - sûnder it, wy krekt gean bylâns fan dei nei dei.

Libben mei Dizze Wikseljild

Wannear jo meitsje dizze wikseljild, lykwols, jo wil sjen konsistint antwurd en foarútgong as do silst wêze mear dreaun, mei an aktyf begearen nei berikke dyndoelen.

34. Ynspirearje dysels

Wêrom Wil Dizze Help My Wurde Mear Posityf?

De maklikste wei nei ynspirearje dysels, ik fûn, wie nei sjen by alle de sukses jo hawwe hie sa fier. Hoe kinne jo krije efterkant nei dat peil fan sukses?

Oanfreegje de Aksje foar Fergrutte Positiviteit

Om dit te dwaan, sjoch gewoan nei wêr't jo yn jo libben west hawwe. Hoe hasto der hinne gean? Hoe fieldest dy?

Wat hinderet jo om dat te herheljen sukses hjoed?

Hoe Faak Soene ik Oefenje?

Alle de tiid - nea ophâlde planning, tariede of hope nei fine de oplossing dat sil jo takomst infusearje. Gewoan troch te witten wat jo ynspireare earder, jo kinne gean wer.

Libben sûnder Dizze Wikseljild

Myn libben foarôfgeand oan ea echt besykje mysels te ynspirearjen mei earder sukses wie tige dreech. Myn selsbyld waard ferneatige en ik leaude kontinu alle sukses wie krekt gelok.

Libben mei Dizze Wikseljild

Sûnt de kâns, lykwols, ik no werhelje myn âld súksessen earlik geregeld. Ik tend te finen dat myn âlde súkses waard dreaun troch winsk dy't no is mist wannear besocht hjoed.

35. Útdaagjende leauwen

Wêrom Wil Dizze Help My Wurde Mear Posityf?

Hoe faak nimme jo in leauwe dat jo hâlde en geane der tsjin? Ik begûn om koartlyn mei mysels te debattearjen en myn eigen punten tsjin te gean, en it is westmassaal.

Oanfreegje de Aksje foar Fergrutte Positiviteit

Gean gewoan troch in argumint dat jo soene ferwachtsje te hawwen. Wat is de punt jo hâlde? Wat is de foarnaamste kontrapunt? Using dizze helpt jo sjen as dy hat werklik tins dingen troch.

Hoe Faak Soene ik Oefenje?

Hieltyd! Gewoan leare hoe't jo dizze oertsjûgingen oefenje sil wêze hiel wichtich. Troch te witten hoe't oaren meie reagearje, jo ek ynfolje de blanks yn dyn logika.

Libben sûnder Dizze Wikseljild

Jo sille krekt altyd hâlde de selde mieningen oant útdage en fernedere. It paad nei ûnderwiis en sukses betsjut dat jo ree binne striid nei krije dêr, binne jo klear?

As jo tastean dizze feroaring te barren, lykwols, it glêzen plafond is fernield. Jo sille it makliker fine om feitlike en earlike antwurden op te finen de problemen en mieningen jo hawwe.

36. Gean litte

In protte fan ús, mysels ynbegrepen, binne ferpakt yn ús wrâldske besittings. Fan ús auto's oant ús tv's makket eangst foar ferlies ús wreed. Dat wol ferlieze de earste stap rjochting normaliteit.

ik simpelwei hie nei start jaan fuort dingen by earste - it wie hurd, mar it krige mynei wurdearje dat libben gie op ienris dat produkt links de hûs.

Hoe Faak Soene ik Oefenje?

Ik haw oant no ta wat fan wearde foar my elke wike jûn oan in freon, famyljelid of woldiedigens. It helpt my te wurdearjen dat d'r mear is libben as sofas!

Libben sûnder Dizze Wikseljild

Ik fûn dat sûnder dizze feroaring te meitsjen ik gewoan paranoïde bleau en negatyf. De eangst om myn leafste besittings te ferliezen dreau my ta konservatisme leaver as fueling ambysje.

Libben mei Dizze Wikseljild

Wannear ik besletten nei jaan dingen fuort ik fiele emosjoneel befrijd. As jo Besykje it sels dan sille jo sjen hoe maklik it is om ambisjeus te wêzen yn oaren manieren.

37. Egoïstysk of selsleas?

Wêrom Wil Dizze Help My Wurde Mear Posityf?

Nei oanlieding fan it boppesteande, in populêre kar om te helpen om te soargjen dat jo yn 'e heine takomst tûke besluten meitsje, is oft jo moatte wêze selsleas of egoïstysk.

Oanfreegje de Aksje foar Fergrutte Positiviteit

Besykje gewoan en sjoch hoe't jo fiele as jo in beslút nimme foar suver dysels, dan in beslút dat hampers jo mar helpt oaren. Wat makke jo fiele better? Dizze is de soart fan persoan dat *jo* winskje nei wêze.

Hoe Faak Soene ik Oefenje?

Bliuw besykje oant jo tefreden fiele. Fan it keapjen fan wat jo net dogge moat in wike lean fuortjaan, d'r binne genôch manieren om te oefenjen wat soart fan geastlik plan suits jo bêst.

Libben sûnder Dizze Wikseljild

De tiid nimme om dit te dwaan sil jo wierskynlik folle mear fiele noflik mei wa't jo binne. It sil wierskynlik ek soargje dat jo it witte wat foar ambysjes jo moatte hawwe. Jo kinne net berikke in egoïstysk ambysje troch wêzen selsleas bylâns de wei!

Libben mei Dizze Wikseljild

Op de flipside, jo kin net dwaan te folle nei help dysels as jo wolle nei wêze selsleas en altyd egoïstysk dwaan. De manier fine dy't jo fiele past by jo bêst is hurd wurk mar is gean nei ferlitte jo gefoel mear feilich mei WSO jo binne, meitsjen jo fiele mear posityf.

38. Stopje Yourself Koarte

Wêrom Wil Dizze Help My Wurde Mear Posityf?

Hoe faak fine jo dat jo sels koart ferkeapje? Ik fûn it altyd dat ik beheind myn talinten due nei in negatyf útsjoch op de wrâld yn algemien.

Oanfreegje de Aksje foar Fergrutte Positiviteit

Om dat te feroarjen, moast ik gewoan sjen wannear't ik karren makke. ik al gau fernaam hoe faak ik dizze karren makke om te passen by de grillen fan oaren allinne.

Hoe Faak Soene ik Oefenje?

Om te oefenjen begon ik besluten te nimmen op 'e tsjinoerstelde manier. Yn de ferline as ik soe tinke oan oaren, Ik soe sette mysels earst - en ûndeugd versa.

Libben sûnder Dizze Wikseljild

Ik fûn dat myn libben foar dit meastentiids ien wie dat it wêzen belutsen ûngelokkich by de ûnkosten fan Besykje nei meitsje oar folk lokkich.

Lykwols, ik fine dat no ik bin folle mear noflik meitsjen karren datdraaie om wat ik dwaan wol ynstee fan altyd te besykjen om te panderjen oar folk.

39. Ferslaan Excuses

IN majoar probleem ik hie yn myn mindset wie altyd looking nei brûke excuses as in wei nei mije witte ik mislearre. Nei wikseljild dizze, ik konsintrearre op mynmislearrings.

Ik begon ek te sjen nei wêrom't dingen ferkeard gongen, en wat myn eigen spesifike rol wie. It wie de measte posityf aksje ik koe hawwe nommen as no ik sjen wêr ik gie ferkeard en nee langer skuld oar folk.

Hoe Faak Soene ik Oefenje?

Dit hat my echt holpen om te kommen mei wa't ik bin en de ekstra oefenje hat fersoarge ik trochgean nei foarútgong. ik soe oanbefelje dit oefenje as jo fine dat jo in minne prestaasje ekskúsje of stom flater op dyn diel.

Libben sûnder Dizze Wikseljild

Foar ik begûn nei werklik sjen by myn eigen aksjes foar immen oars, ik led in hiel ûnwis libben. ik soe fiele bedrige troch elkenien en feilich meinimmen.

Libben mei Dizze Wikseljild

No, ik bin folle nofliker en haw fûn dat ik posityfer bin dan ik hawwe west, as ik kinne sjen myn flaters.

40. Meitsje, net reagearje

Wêrom Wil Dizze Help My Wurde Mear Posityf?

De measte krêftich wei ik hawwe fûn

nei hannelje negativiteit is nei meitsje. ikno brûke dat enerzjy foar goed.

It tapassen fan de aksje foar ferhege posityfens

It is maklik oan te passen - kom gewoan yn in hobby. As dingen ferkeard gean, draai dan nei de hobby ynstee fan te reagearjen.

Hoe Faak Soene ik Oefenje?

Dizze makket it hiel maklik nei jaan dysels tiid nei beskôgje in antwurd, brûkend kreativiteit nei ride dyn emoasjes.

Libben sûnder Dizze Wikseljild

ik brûkt nei reagearje ferkeard nei soad fan situaasjes en ik soe meitsje spanning tusken mysels en oar folk yn libben.

Libben mei Dizze Wikseljild

No ik nimme de tiid nei ûnderdompelje mysels yn de idee fan

wat hat fuort ferkeard, oanmeitsjen mear harmony.

Persoanlike gewoanten

Goed, dus yn dizze seksje wolle wy ris sjen nei persoanlike gewoanten dy't do kinst oanpasse. De measte fan dizze binne boud om it idee fan bedriuw produktiviteit. ik fûn de measte brûkber stimpel dat jo kinne sette op dyn libben is in suksesfol, aktyf en drok bedriuw libben!

41. Simplifying dyn Day

Wêrom Wil Dizze Help My Wurde Mear Posityf?

De maklikste manier om jo dagen makliker te meitsjen is earst rommel fuort te heljen - organisearje alles sa jo kinne wurk sûnder ôflieding.

Oanfreegje de Aksje foar Fergrutte Positiviteit

De maklikste manier om dit te dwaan is om moarns te begjinnen, in oere foar jo moatte produktyf wurde. Troch gjin rommel te hawwen om jo te hinderjen, kinne jo gewoan konsintrearje op genietsje dysels en meitsjen de measte fan de dei.

Hoe Faak Soene ik Oefenje?

Doch dit elke moarn en jo sille grutte foardielen sjen. Oft it is de kantoar of thús, dizze wurket.

Libben sûnder Dizze Wikseljild

Sûnder dizze feroaring sille jo wierskynlik merke dat jo grutte problemen hawwe bliuwend organisearre? Dagen binne beret dan troch hoe rommelich de plak is.

Libben mei Dizze Wikseljild

Making dyn libben makliker mei dizze feroaring is in no-brainer; it betsjut gewoan moatte dwaan in oere wurk foardat jo begjinne. De bonus, lykwols, is in folle makliker kwaliteit fan libben dat ferbetteret dyn konsintraasje.

42. Oprjochting dyn Doelen

Wêrom Wil Dizze Help My Wurde Mear Posityf?

It bêste diel fan elk projekt no foar my - en jo - sil wêze om te fêstigjen doelen. Planning fan de wichtichste doelen mei de meast útdaagjende earst sil meitsje dyn libben folle makliker moving foarút.

Oanfreegje de Aksje foar Fergrutte Positiviteit

De maklikste wei nei tapasse dizze is itsij yn de moarn of de nacht foar. Simpelwei plan út wat jo leauwe is de measte dreech taak wachtsjend foar jo, en wurk op dat earste.

Hoe Faak Soene ik Oefenje?

Getting rid fan de hurdste taak elk dei wil soargje dat jo hawwe de rêst fan de dei nei wurk op de makliker guod. Leaving hurder projekten oant letter is freegje foar lijen!

Libben sûnder Dizze Wikseljild

ik wie nea produktyf genôch en myn skerpsinnigens soe lije as in resultaat. Myn bedriuw koe himsels net beheare en de juste formule drage foarút, en ik fûn dat elk dei soe wurde in willekeurich striid datwie hurd nei oerienkomst mei.

Libben mei Dizze Wikseljild

Ynstee dêrfan kinne jo feroarje nei dizze manier fan tinken - it is safolle mear produktyf is it hast net iens wier. No, ik haw de hiele dei om lyts te behanneljen problemen hawwende brûkt myn moarn nei oerienkomst mei de echt ien!

43. Begjin in Projekt

Wêrom Wil Dizze Help My Wurde Mear Posityf?

Ien fan de measte kreatyf manieren ik fûn nei ynspirearje myn plannen en ambysjes wie nei meitsje in projekt mei in plan. 30 minuten mei dei fan trochrinnend wurkholpen!

It tapassen fan de aksje foar ferhege posityfens

Mei dit finster fan 30 minuten soe ik as in bist oan it projekt wurkje, en kom dan de oare deis werom. It liet my oan in sideprojekten wurkje sûnder frustrearre te wurden of te soargen dat it oare tiid opnaam.

Hoe Faak Soene ik Oefenje?

Ik doch dit ien kear deis, soms twa kear as it in rêstige dei is. Troch oan te wurkjen in kant projekt as ik gean, it wurdt folle makliker te begripen en wurdearje wêr ik bin by mei it sûnder sidetracking oar wurket.

Libben sûnder Dizze Wikseljild

Sûnder dit makke ik gewoan deselde flaters oer en oer. ik soe kontinu kuier yn twa projekten by ienris, allinnich steat fan leverjen 50%op elk. No, ik jaan elk projekt 100% by oantsjutte kear.

Libben mei Dizze Wikseljild

Myn libben is feroare foar it better op elke tinkbere manier sûnt ik beheard dizze projekt. It hat ferbettere myn gearhing yn bedriuw!

Ûntwikkeljen fan gewoanten

44. Positiviteit yn gewoanten

Wêrom Wil Dizze Help My Wurde Mear Posityf?

In grut part fan myn transformaasje fan positiviteit nei negativiteit kaam fan it meitsjen fan mear positive gewoanten. Bygelyks, ik fuorthelle ôflieding fan wurk lykas smartphones, rommel en kompjûters.

Oanfreegje de Aksje foar Fergrutte Positiviteit

Troch dit te dwaan fûn ik dat myn dagen folle produktiver waarden. Troch fuortheljen ôfliedingen - sels krekt pleatsen myn telefoan op stil, gesicht omleech

- ik soe wurk folle hurder.

Hoe Faak Soene ik Oefenje?

Nim dit op yn jo deistich wurk en in libben fan ferfelend problemen sille ferdwine. Produktiviteit en posityf tinken ferheegje mei dit mentaliteit, soargje derfoar dat jo sille trochgean te feroarjen en oanpasse oan face de problemen holle op.

Libben sûnder Dizze Wikseljild

Ik fûn dat myn libben foardat dit gewoan chaotysk wie. Ik soe nea krije in dei troch sûnder in oere op Twitter te sitten; goed, dizze problemen binne fuort no.

Libben mei Dizze Wikseljild

No kom ik troch oeren oan wurk sûnder in skoft te nimmen. Myn geast bliuwt op 'e baan, sadat ik minder frustrearre wurd, sadat ik my minder fiel negatyf as foar.

45. Bepale Produktiviteit

Wêrom Wil Dizze Help My Wurde Mear Posityf?

It bêste dat ik kin biede oan elkenien dy't dit lêze yn termen fan wurden mear produktyf is looking by hoe jo binne wannear jo wurk hjoed - dwaan jo kleie?

Oanfreegje de Aksje foar Fergrutte Positiviteit

As jo binne immen WSO altyd lyk nei kleie oer in sitewaasje, dan sjoch om út te finen wêrom. Wat makket dat jo sa fiele? Ek, wat is dealternatyf fisy?

Hoe Faak Soene ik Oefenje?

Dizze werklik holpen my, wannear ik seach by hoe oar folk maaie wêze sjende foto. Troch gewoan earlik te wêzen mei mysels as ik klage, myn wallowing soe gau wêze oer.

Libben sûnder Dizze Wikseljild

It is dat ienfâldich, werklik, mar

sûnder dizze wikseljild ik soe nea hawwe produktiver wurde. Ik soe altyd ôfstutsen wurde by de earste hindernis, nea sykjend nei opklearje it.

Dizze feroaring waard folle effektiver en simplistysk as de tiid trochgie. ik gau leard hoe te begripen dat klagen wie fergriemerij fan tiid en enerzjy dat koe wêze posityf, ynstee!

46. Batching foar Sukses

De bêste oplossing dy't ik fûn om myn dagen makliker en posityfer te meitsjen wie te batch taken tegearre. Dit soarge derfoar dat ik mear levere mei elk oere wurke.

Hoe sa? Omdat myn mentaliteit hie

feroare. Troch simpelwei meitsjen wis dat objekten 1-4 waarden klear foar in langere pauze leaver as 1 allinnich, I gau fûn jobs krije klear!

Hoe Faak Soene ik Oefenje?

ik makke dizze in wei fan libben fan no op. It gau waard in majoar diel fan myn libben en myn algemiene planning, en soargje derfoar dat ik altyd ferlykbere taken haw batched mei-inoar.

Libben sûnder Dizze Wikseljild

Sûnder feroarje dizze ik soe libje in libben noch led troch negativiteit. ik soe fine it minste probleem mei myn waarnommen skema soe myn dei ferneatigje, meitsjen taken nimme langer.

Libben mei Dizze Wikseljild

Ik fûn ek dat troch te wikseljen nei dit systeem ik krige troch taken yn in makliker styl. No soene alle ferlykbere taken ûnder ien banner falle en wêze behannele mei fluch.

47. Oanmeitsjen Prioriteit

Wêrom Wil Dizze Help My Wurde Mear Posityf?

Troch in berik en list mei prioriteiten te meitsjen, fûn ik it folle makliker om te kommen wêr't ik yn myn libben wêze moast, soargje dat myn dagen noait waarden oerweldigjend.

Oanfreegje de Aksje foar Fergrutte Positiviteit

In oere foar bêd soe ik in list meitsje fan wat de oare deis wie unfold mei rûge timescales foar elk, wat betsjut dat planning waard makkeienfâldiger.

Hoe Faak Soene ik Oefenje?

In oar wichtich part fan myn dei wie no om dit nachts te oefenjen. ik soe soargje dat myn plannen hieltyd rigidiger wurde, om te sjen hoe't ik behannele deadlines lykas dizze.

Libben sûnder Dizze Wikseljild

Ik soe gewoan wêze chaotysk en nim "goede dagen" en "minne dagen" dêr't myn wurk soe stapel op en wurde omtrint ûnmooglik nei oerienkomst mei letter.

Libben mei Dizze Wikseljild

No dochs? Ik kin libje in lokkiger kwaliteit fan it libben as ik wit dat myn dagen binne mear konsistint. Wylst dêr binne minder "goed dagen" de "min dagen" binneklear mei!

48. Wekker Earder

Wêrom Wil Dizze Help My Wurde Mear Posityf?

Ienfâldich myn wekker foar ien oere earder ynstelle hat ien fan de meast west posityf aksjes ik hawwe ea nommen - dat ekstra oere makket alle deferskil yn de moarn.

Oanfreegje de Aksje foar Fergrutte

Positiviteit

ik krekt wikseljild myn alarm troch ien oere. Dat oere wêzen op earder stiet ta mypolkate wêzen en lit my ek in krúsjale tiid om wekker te wurdenwurk.

Hoe Faak Soene ik Oefenje?

Ik doch dit no elke dei. It hat in kaaistien west yn it helpen fan elkenien oar posityf aksje yn dizze boek komme nei libben, fersekerje dat ik kinne trochgean nei wikseljild en ferbetterje myn mentaliteit nei passe mei wat is nedich.

Libben sûnder Dizze Wikseljild

Libben sûnder feroarje de tiid ik wekker op by wie gean nei oerbliuwe hektyske. iksoe gean yn it wurk noch heal-sliep en fine produktiviteit soe wêze del oer de dei.

Libben mei Dizze Wikseljild

Dizze wikseljild, lykwols, tastien my nei

maklik mije dizze probleem en ynstee start wurkjen mei in grutter gearhing en positiviteit.

49. Wurkjen yn Bulk

Wêrom Wil Dizze Help My Wurde Mear Posityf?

Ynstee fan yn lytse groepen te wurkjen en brokken te dwaan, fûn ik dat it wie makliker om te wurkjen yn langere bulten fan 3-4 oeren tagelyk, mei minder pauzes yn-tusken.

Oanfreegje de Aksje foar Fergrutte Positiviteit

De reden wie frij simpel - om dit ta te passen op myn dei soe ik mear wêze produktyf, lokkiger en mear wierskynlik nei hâlde in konsistint peil fan optreden leaver as peaking en ploegjen.

Hoe Faak Soene ik Oefenje?

Ik meitsje dit diel fan myn deistige

planning foar de rest fan myn libben. No, ik wurk yn grutter brokken mei langer, mear relaxing brekt.

Libben sûnder Dizze Wikseljild

Foardat ik eartiids yn it wurk krampe om in koarte pauze te berikken, en dan alles trochbringe myn break panyk. No, ik kin gewoan relax en tastean it folgjende diel fan 'e dei nei start.

Libben mei Dizze Wikseljild

Dizze wikseljild hat holpen my wêze mear assertyf en nei wurk mear produktyf. Ik bin no folle minder kâns om negative oanpak te nimmen foar myn wurkjen dei, nettsjinsteande fan swierrichheid.

50. Learje nee te sizzen

Wêrom Wil Dizze Help My Wurde Mear Posityf?

In wichtich probleem dat ik altyd hie wie net te sizzen nee tsjin minsken - it is dreech kear, en ik gong gewoan tegearre mei senario's dy't mysels djip meitsje ûngelokkich.

Oanfreegje de Aksje foar Fergrutte Positiviteit

Om tsjin te gean dit ik gewoan begûn te sizzen nee - it klinkt simpel, mar de earste tiid ik twongen it út, de makliker it wie elk tiid efter dat yn takomst.

Hoe Faak Soene ik Oefenje?

Elk tiid ik wie iens nei eat ik koe net of moat net wêze dwaan. It makke my nofliker en ferbettere sawol sosjale as saaklik relaasjes mei folle ferskillend folk.

Libben sûnder Dizze Wikseljild

It libben sûnder dizze feroaring te meitsjen wie heul hurd - ik soe normaal fine mysels meitsjen flaters of krije yn situaasjes dat ik hie nee kennis of ûnderfining fan wêzen yn steat nei hannelje.

No fiel ik my selsbetrouwen en yn kontrôle oer myn takomst dan ea earder. ik haw stoppe meitsjen de selde flater en ynstee bin no living de libbenik bedoeld nei!